Nackte Tatsachen

...denn wegschauen bringt uns allen nichts!

1. Auflage: August 2014

Herstellung und Verlag:
BoD – Books on Demand, Norderstedt

ISBN: 978-3-7357-4347-3

AF125010

Inhaltsverzeichnis

Vorwort

Lieber Leser,

oft wünschte ich mir eine Zeitmaschine, in die ich mit meinem Laptop einsteigen würde und einen Streifzug in die frühen 70er Jahre machte. Dort angekommen, stiege ich bei "Oma Lene" auf dem Löskenweg in Essen-Stoppenberg aus und beträte ihr Haus. Natürlich säßen all meine Onkel und Tanten wie gewohnt bei guter Laune und Heimatlieder singend am Wohnzimmertisch oder in ihrem großen Garten, wo sich regelmäßig getroffen wurde - ganz ohne Handy, Tablet, iPhone etc.

Selbst wenn ich schon mein Laptop einschalten und hochfahren würde, würde es totenstill in der kurz zuvor fröhlich singenden Gesellschaft werden. Ich würde ihnen viele Fotos aus unserer heutigen Zeit zeigen: Jugendliche mit Blechdosen in den Ohren, Zungen- und Intimpiercings, Sicherheitsnadeln, die durch Nasen gesteckt wurden, grelle, farbenreiche Frisuren verschiedenster Art, pralle Busen und Popos, die mit reichlich Silikon restauriert wurden, Arschgeweihe "jung gebliebener Omis" und vieles mehr.

Danach würde ich mit ihnen das Internet betreten, wobei nur das für sie schon ein wahres Weltwunder wäre. Ich bin mir ziemlich sicher, dass ich keine 10 Minuten brauchen würde, um meiner Familie den Blick in die Zukunft völlig zu vermiesen. Vielleicht werden Sie die nachfolgenden Gedichte, nach diesem Vorwort noch ein wenig anders sehen - ich würde es mir wünschen.

Viel Spaß beim Lesen wünscht Ihnen
Norbert van Tiggelen

Schwein sein

Manchmal musst Du Schwein sein,
da gibt's kein Diskutieren.
Lass Dich nicht verarschen -
und keinesfalls blamieren.

Zeig ruhig mal Deine Zähne
und etwas Hinterlist,
damit die Leute sehen,
dass Du kein Weichei bist.

Denn kennt man Dich als Braver,
oh Himmel, welch ein Graus!
Die Menschen sind oft böse,
sie nutzen Dich dann aus.

©Norbert van Tiggelen

Schmarotzer

Der Schmarotzer ist ein Mensch,
der meist nur neppen will.
Solang du ihn verhätschelst,
genießt er brav und still.

"Geben", ist für ihn ein Fremdwort,
ebenso wie "Dankeschön".
So ein scheußliches Verhalten
ist für mich verdammt obszön.

Er besucht dich, wenn er blank ist,
seine Kasse ist halt leer.
Geht's ihm aber wieder besser,
hörst und siehst du ihn nicht mehr.

Ruht sich aus auf deinen Knochen,
nutzt deine Großmut schamlos aus.
Hast du selber mal Probleme,
lässt er dich allein zuhaus.

© Norbert van Tiggelen

"Moralpredigt"
(Der Hilfeschrei einer Toten)

Schaut euch an - mein Herz, es ruht,
fühle mich jetzt richtig gut,
denn mir wurde langsam klar:
Gunst war hier kaum auffindbar.

Macht euch um mich keine Sorgen,
denn ich spür' den neuen Morgen.
Endlich weg von dieser Welt,
wo das liebe Geld nur zählt.

Freundschaft ist meist nur ein Wort,
Mobbing euer Lieblingssport,
kommt nur an, wenn's bei Euch raucht,
Hilfsbereitschaft wird missbraucht.

Kinderzimmer - Ort des Grauens,
kaum noch Spuren des Vertrauens,
Stil und Anstand sind zunichte,
guter Wortschatz ist Geschichte.

Neid und Raffgier - Herr der Sinne,
wichtig sind euch nur Gewinne,
kaum Respekt vor alten Schwachen,
haben lang schon nichts zu lachen.

Internet verseucht die Seelen,
seht, wie sich die Kinder quälen,
Trauermärsche sprechen Bände,
Amokläufe ohne Ende.

Faulheit wird hier gut bezahlt,
mancher Nichtsnutz damit prahlt,
Widerstände, sie verstummen,
die Malocher sind die Dummen.

Alkohol beherrscht das Denken,
dumme Eltern Kinder lenken,
pfeifen auf Moral und Sitte,
kennen nicht das Wörtchen „Bitte".

Tiere werden totgequält,
denn der Pelz am Körper zählt,
Brillianten an den Händen,
„Deutsche raus" steht an den Wänden.

Legostein und Teddybär,
sind des Kindes Freud nicht mehr,
lieber eine Spielkonsole,
Fahrtenmesser und Pistole.

Nächstenliebe wird verspottet
und durch Undank ausgerottet,
der Dank - er ist, man wird belogen
und sogar durch den Dreck gezogen.

Panzer, die bewirken Schäden,
sind die Hits in Spielzeugläden.
über Kriege wird gelacht -
Mann, habt Ihr es weit gebracht!

Ruhm und Prunk - der Stolz der Reichen,
gehen sehr oft über Leichen,
die Welt verliert das Gleichgewicht,
schlimm ist nur, ihr merkt es nicht.

Warum wartet ihr so lange,
ist Euch denn nicht etwas bange?
Muss denn erstmal was geschehen?
Mann, ich könnt' im Grab mich drehen!

Ganz zum Schluss noch einen Rat:
Schreitet langsam mal zur Tat,
fanget an zu überlegen,
allein schon eurer Kinder wegen.

©Norbert van Tiggelen
Inspiriert von Liselotte Böhme und Erika Meures

Lügenbaron

Um's im Leben weit zu bringen,
muss man nicht mal sauber sein,
ebenso nicht fleißig – herzlich,
wahrheitsliebend obendrein.

Manchmal kommt ein Lügner weiter,
der nur falsche Worte spricht.
Er zerschmettert reine Wesen,
doch das juckt ihn meistens nicht.

© Norbert van Tiggelen

Kaufkraft

Jeder Mensch ist einzigartig
hier auf dieser großen Welt.
Zaster sollte nicht die Norm sein,
welche seinen Ruf erhellt.

Leider ist es aber nicht so,
denn das Geld regiert schon lang.
Sogar über Gottes Diener -
da wird mir doch ganz schön bang.

© Norbert van Tiggelen

Alkohol am Steuer

"Einer geht noch!", schreit die Leber –
so schlimm wird es auch nicht sein;
Später keine Lust zum Laufen,
du steigst breit ins Auto ein.

Dann, im wirren Kopf, passiert es:
Reaktion war viel zu schlecht.
Blutend liegt wer auf dem Asphalt,
wegen dir – wie ungerecht!

Jetzt weinst du ein Meer an Tränen,
niemand dir zur Seite steht.
Du bedauerst dein VERBRECHEN,
aber dafür ist`s zu spät.

Schlimm ist nicht, sich selbst zu schaden
oder wenn man selbst krepiert;
schlimm ist, wenn ein andrer umkommt
oder „nur" zum Krüppel wird.

© Norbert van Tiggelen

Mobbing in der Schule

Mobbing in der Schule,
oh Gott, was für ein Graus!
Manch Kind erleidet Qualen,
und das tagein, tagaus.

Die Pausen sind oft grausam,
du bist nur auf der Flucht,
denn für so manchen Schüler
ist Prügeln eine Sucht.

Zensuren leiden drunter,
was auch kein Wunder ist,
denn konzentriert zu lernen,
verhindert manch Sadist.

Verbale Hetzattacken,
sie treffen oft ins Mark.
Du fühlst dich wie ein Scheusal,
und das bedrückt dich arg.

Zu Hause angekommen,
herrscht etwas Sonnenschein.
Doch morgen geht sie weiter,
die täglich' Seelenpein.

© Norbert van Tiggelen

Raffen

Immer nur den Blick nach vorne -
große Ziele im Visier.
Vorwärts kommt man darum gerne
mit ein wenig Schneid und Gier.

Stirbt ein Mensch, der Kohle hatte,
ist die Trauer schnell vorbei,
Wenn die Erben plötzlich hören,
dass etwas zu holen sei.

Dann wird sich bekämpft, gestritten,
und wenn nötig, bis aufs Blut.
Man sieht sogar Anverwandte
plötzlich als 'ne schlechte Brut.

Sind denn Ruhm und Üppigkeit
nicht mehr abzuschaffen?
Warum ist der Menschen Wahn
meist - raffen, raffen, raffen?

© Norbert van Tiggelen

Potenzial

Ein Mann sollte nicht an
seiner Potenz gemessen werden -
sondern an seinem Potenzial.

Gaffer

Gaffer gaffen ohne Skrupel,
geilen sich an Elend auf;
stehen dort zumeist im Wege,
pfeifen aber leider drauf.

Schicksalsschläge andrer Menschen
sind für sie ein Seelenschmaus.
Um die Neugier zu beruhigen,
hecheln sie nach jedem Graus.

Diese Glotzer sollt' man jagen
von dem Unglücksort geschwind;
weil sie Opfern gegenüber
mehr als nur respektlos sind.

Traurige Mütter

Nicht ein jedes Mutterherz
ist glücklich und zufrieden,
denn so manches wird - gib Acht:
verstoßen und gemieden.

Plötzlich ist etwas passiert,
ein Missgeschick, ein Streit,
ein Irrtum, gar ein Todesfall,
hätt' niemand prophezeit.

Wege trennten sich sofort,
das Mutterherz zerbrach;
es folgte eine Höllenzeit,
in der es täglich stach.

Ohne ihre Sprosse leiden
Mütter reine Höllenqualen.
Es vergehen schlimme Jahre
ohne ein paar Sonnenstrahlen.

Darum, Kinder, lasst euch sagen:
Ihr Herz, es ist erfroren.
Nehmt zu ihr Verbindung auf -
sie hat euch einst geboren!

Dieses Gedicht widme ich dem kleinen Malocher, auf dessen Schultern der Wohlstand unseres Landes zum Großteil lastet!

Luxus in Deutschland

Luxus in Deutschland
bedeutet knapp leben
und für den Fiskus
alles zu geben;
Steuern zu zahlen
auf Teufel komm raus,
manch grinsender Nepper,
der spendet Applaus.

Luxus in Deutschland
bedeutet, zu sparen,
weit überteuert
sind etliche Waren.
Grundnahrungsmittel,
sie kosten zuviel,
bei jedem Einkauf
hoffst du auf 'nen Deal.

Luxus in Deutschland
bedeutet sich sorgen,
kannst du die Miete
auch zahlen noch morgen?
Die Nebenkosten,
sie fressen dich auf,
Preis/Leistung, sie schwindet,
das nimmst du in Kauf.

Luxus in Deutschland
bedeutet, zu schmachten,
mit Ämtern zu führen
oft sinnlose Schlachten.
Medikamente
kannst du kaum bezahlen -
leere Versprechen
vor Bundestagswahlen.

Luxus in Deutschland
bedeutet, zu frieren,
Energiekosten
geh'n dir an die Nieren.

Kraftstoff und Kippen
sind teuer wie nie,
bricht dem Malocher
schon lange die Knie.

Luxus in Deutschland
bedeutet, zu ackern,
sich wundern und sorgen,
mit Ohren zu schlackern.
So manch fleiß'ger Mensch
am Hungertuch nagt -
da fragt man sich wirklich,
warum man sich plagt?

Wie kannst du bloß???

Solang du deinen kleinen Hintern
ruhelos für andre regst
und zu allem freundlich ja sagst -
du 'nen guten Leumund trägst.

Doch wenn du nicht sofort spurtest
- aufgepasst! Jetzt wird es harsch -,
kommt es plötzlich völlig anders:
Dann bist du der größte Arsch!

© Norbert v a n Tiggelen

Strafsucht

Jesus riet den armen Sündern:
Werfet niemals einen Stein;
schaut doch mal in eure Seele,
keiner von euch ist ganz rein!

Lang schon her sind diese Worte,
drum sind sie uns wohl enteilt.
Weil der Mensch heut ohne Gründe
oft am Sturz des Nächsten feilt.

©Norbert v a n Tiggelen

Mittel zum Zweck

Unter Menschen gibt es welche,
deren Seelenkleid ist grau.
Denn man hat sie ausgebeutet,
ganz egal, ob Mann, ob Frau.

Waren immer dort, wo's brannte,
halfen in der höchsten Not,
gaben stets das Allerletzte,
teilten auch ihr letztes Brot.

Jetzt, wo Wunden ihrer Freunde
ausgeheilt und schmerzfrei sind,
ist der Helfer müd' und einsam,
steht allein im kalten Wind.

Wieder einmal blind geholfen,
Mittel war er nur zum Zweck;
fühlt sich wie der letzte Unmensch,
einfach nur wie Schund und Dreck.

©Norbert van Tiggelen

Drecksniveau

Es gibt Menschen die doch meinen,
dass sie hätten viel Niveau;
doch im Grunde gleicht ihr Inn'res
einem schmutz'gen Bahnhofsklo.

Paradies adieu

Eigentlich könnt' es so schön sein
hier auf dieser großen Welt;
Armut müsste es nicht geben
unter unsrem Himmelszelt.

Hunger bräuchte niemand haben,
Nahrung gibt es auch genug.
Diskutieren statt Bekriegen
wäre für die Menschheit klug.

Leider aber ist der Mensch oft
voller Raffgier, Hass und Neid.
Er zerstört damit die Erde,
ist für ihn `ne Kleinigkeit.

Hilfeschrei

Oftmals schreien Menschenseelen
laut um Hilfe jahrelang,
machen zu verschied'nen Ämtern
manchen richtig schweren Gang.

Manchmal sind es Depressionen,
oftmals ist die Kasse leer.
Einmal auf die Nas' gefallen,
ist das Aufstehen wirklich schwer.

Insolvenz und Alkoholsucht
oder gar der Ehekrieg
machen mancher zarten Seele
schwer den Gang, bis hin zum Sieg.

Hat ein Amoklauf die Menschheit
dann auf einmal arg empört,
ist ein Mensch an sich verzweifelt,
weil der Schrei wurd' nicht gehört.

©Norbert van Tiggelen

22

Manch Schüler hat es oft nicht leicht,
weil Nötigung sein Herz erweicht.
Gewaltbereitschaft in den Klassen
oft arbeitsame Kinder hassen.

Satans Sieg

Wenn man den Armen noch beraubt,
den Lügnern wird das Wort geglaubt,
Hilfsbereitschaft wird verpönt
und der Lump zum Held gekrönt,

Wenn der Gauner triumphiert,
weil er schwindelt ungeniert,
und der Tugendhafte schweigt,
weil man ihm sonst Härte zeigt,

Wenn der Mensch des Geldes wegen
lauthals pfeift auf Gottes Segen,
er die Sünd' zur Tugend biegt -
dann hat des Satans Macht gesiegt.

Halsabschneider

Seine Macht wird immer größer,
er regiert tagtäglich mehr.
Bist Du ihm einmal verfallen,
gibt es kaum `ne Gegenwehr.

Er hat Menschen hingerichtet,
mehr noch als der längste Krieg.
Wegen ihm so manche Seele
in den Lebenskeller stieg.

Greift sich eiskalt jedes Wesen,
ganz egal, ob arm, ob reich.
Spielte schon den besten Ehen
einen wirklich üblen Streich.

Verursachte Millionen Tode
auf den Straßen, im Verkehr.
Schuldlos starben viele Kinder,
Elternhäuser, sind jetzt leer.

Ist für schwache Seelen alles,
Untergang und Ruhepol.
Er wird uns noch ganz vernichten,
der verfluchte Alkohol.

©Norbert van Tiggelen

Innere Befriedigung

Jahrelang, oh glaubt es mir,
hackt man auf dir herum.
Um dir richtig wehzutun,
bleibt kaum ein "Hetzmaul" stumm.

Was aber sehr fatal ist,
da drückt mir echt der Schuh:
Geht es dir ganz plötzlich schlecht,
dann lässt man dich in Ruh'.

Der Grund für dies Verhalten,
das soll man noch verstehen:
Sie wollen dich ganz einfach nur
am Boden liegen sehen!

© Norbert van Tiggelen

Mobbing ist eine
"Hexenverbrennung"
der angeblich so
intelligenten
Neuzeit-Gesellschaft.

© Norbert van Tiggelen

25

Wahre Armut

Armut gibt es leider häufig,
hier auf unsrer großen Welt;
doch ich mein' jetzt nicht mit „Arme"
die, die haben wenig Geld.

Arm sind für mich oftmals Menschen,
die nicht mehr die Armut seh`n;
jene, die des Zasters wegen
kaum zu ihrem Wort noch steh`n.

Solche, die mit Ellenbogen,
Lügen, Schmach und Heuchelei
sich den Weg zum Ziele bahnen,
bricht auch manche Seel' entzwei.

Kreaturen, die laut pfeifen
auf Verständnis, Gunst und Charme.
Solche dummen Egoisten -
die sind für mich wirklich arm!

© Norbert van Tiggelen

Der Malocher - unzufrieden,
seine Laune ist am Sieden -
muss sich kaufen Billigwaren,
um ein wenig Geld zu sparen.

Neuzeit-Oma

Oft war'n Omis früher pummlig,
hatten meist `ne Brille auf:
nahmen für die Enkelkinder
Lesestunden gern in Kauf.

Heute stylen sie sich meistens
bunter als ein Papagei.
Überm Hintern - oh wie locker! -
schillert stolz das Arschgeweih.

Zudem springen sie dynamisch
auf die nächste Sonnenbank.
Sind die Enkel aber stressig,
liegen flugs die Nerven blank.

Mörderischer Sport

Wenn Menschen etwas Großes planen,
ist im Wege oft das Tier;
darum wird es ausgerottet.
Schuld daran ist nur die Gier.

Ob für Fußball, Leichtathletik,
Sommer- oder Wintersport,
man begeht an diesen Wesen
- kaum zu glauben - sogar Mord!

Ist der Mensch denn mittlerweile
wirklich sowas von verdreht,
dass er nur des Geldes wegen
eiskalt über Leichen geht?

© Norbert van Tiggelen

Gewaltbereitschaft in den Schulen
mögen meist die Obercoolen.
Doch ihr Weg ist leider meist
einer, auf den man gern scheißt.

©Norbert van Tiggelen

Die Doofen

Die Doofen geh'n malochen
in unsrem deutschen Staat
und unterstützen damit
so manche faule Saat.

Die Doofen müssen spurten
und sich den Wecker stellen,
damit sie nicht gebrauchen
des Staates Anlaufstellen.

Die Doofen müssen wach sein
und dürfen nicht verschlafen,
schaffen oft von früh bis spät,
sie sind der Klugen Sklaven.

Die Klugen machen Urlaub
und brauchen nichts zu geben.
Denn der Doofe sorgt dafür,
dass sie zufrieden leben.

©Norbert van Tiggelen

So leid es mir tut.

Der Drops ist gelutscht,
die Messe gelesen,
ich bin mir ganz sicher –
das war es gewesen.
Vorwärts im Leben,
so traurig es ist,
kommt man doch nur noch -
mit Fäusten und List.

©Norbert van Tiggelen

Durchblick?

Mit einem Adleraugen-Blick
seh'n wir des Nächsten Fehler.
Wir verpönen ihn dann gern,
so wird er schnell zum Hehler.

Unsre eignen überseh'n wir,
was ich wirklich komisch find';
aber es beweist eindeutig,
dass wir blind wie'n Maulwurf sind.

© Norbert van Tiggelen

Rabenmütter

Frauen, die ein Kind bekommen,
müssen nicht gleich "Mütter" sein.
Denn ich kenn so manche "Mama",
die den Namen trägt zum Schein.

Bräute, die an sich nur denken,
ohne Rücksicht auf den Spross,
die nur ihre Wünsche kennen,
drum auch manche Träne floss.

Weiber, die nicht lieben können -
doch beim Sex, da klappt's sofort,
schicken für 'nen feschen Stecher
ihre Kinder in den Hort.

Tussis, die den Haushalt führen
völlig schlecht und ungepflegt -
aber ihre Nägel feilen
auf der Couch von früh bis spät.

© Norbert van Tiggelen

Rabenväter

Männer, die zu Vätern werden,
müssen nicht gleich "Väter" sein.
Denn ich kenn so manchen "Papa",
der den Namen trägt zum Schein.

Kerle, die nur "vögeln" wollten,
wichtig war, man(n) kriegte sie.
Eiskalt wird sie dann verlassen -
denn Gefühle gab es nie.

Lumpen, die sich nur besaufen,
wichtig ist, der Pegel stimmt;
mit den Kumpels Party machen -
man sich gerne einen nimmt.

Flegel, die das Kind vergessen,
Alimente zahl'n - wofür?
Wenn ich solche Rüpel sehe,
ich 'ne Wahnsinnswut verspür.

Burschen, die auf Treue pfeifen
- auch für Mutti eine Plag',
und zum Schluss wird's nochmal heftig -
feiern stolz den Vatertag!

© Norbert van Tiggelen

Papier ist geduldig,

Papier ist geduldig,
ein jeder das kennt,
und brauchst Du es dringend,
die Zeit förmlich rennt.

Besonders auf Ämtern,
da wird Dir ganz heiß,
weil dort oft der Eine
vom Andren nichts weiß.

©Norbert v a n Tiggelen

Nach mir die Sintflut

Nach mir die Sintflut, pfeif auf die Kinder,
soll'n sie doch kiffen, die Spiele-Erfinder.
Nach mir die Sintflut, pfeif auf Moral,
die Wahrheit zu sagen, ist mir zu banal.

Nach mir die Sintflut, pfeif auf den Greisen,
man sollte ihn flugs aus dem Lande verweisen.
Nach mir die Sintflut, pfeif auf das Schaffen,
Bier und Hartz IV, das sind unsere Waffen.

Nach mir die Sintflut, pfeif auf die Liebe,
Respekt schafft man sich durch Tritte und Hiebe.
Nach mir die Sintflut, wenn jeder so denkt,
dann wird unsre Zukunft in Blut bald ertränkt.

©Norbert v a n Tiggelen

Unser Wille?

Supergau und Depressionen,
Pflegenotstand, Habgier, Neid.
Klimawandel – Erderwärmung,
Robbenschlachtung – Einsamkeit.

Suizid und Kinderschändung
Amokläufe, Drogen, Krieg.
Egoismus - Korruptionen,
Schlachten, bis zum letzten Sieg.

Rassenhass und Diktaturen
Amokläufe, Mobbing, Zank.
Massenmorde – Dopingfälle,
Nerven und auch Strahlenkrank.

Kindesmord und Wirtschaftskrisen,
Altersarmut – Staatsrevolten,
Komasaufen, Zungenpiercing,
ist es das, was wir einst wollten?

Frieden, Güte, Licht und Wonne,
Rücksicht als ein Meilenstein.
Nächstenliebe, Lebensfreude
müssen unsre Ziele sein.

©Norbert van Tiggelen

Wenn der Vati mittags lallt,
wird er abends nicht sehr alt.
Das hat sich schon oft bewiesen —
meist gab es dann Ehekrisen.

Zwiegespräch

"Mann, was hast du dich verändert -
früher warst du lieb und nett,
halfst mir, ohne lang zu fragen,
wirktest irgendwie komplett."

"Klar doch", sagte ich zu ihm dann,
"früher war ich ein Idiot -
sorgte mich um jede Seele,
half ei'm jeden in der Not.

Früher war ich jung und dösig,
war ein Mensch, der half zu gern.
Heute weiß ich - wie erlösend:
Halte dich von Neppern fern!"

Bescherungs-Wahn

Früher gab's den Kaufmannsladen
oder eine Eisenbahn,
eine schnieke Puppenstube
oder einen Lastenkran.

Legos waren auch der Renner,
ebenso wie Playmobil,
Matchboxautos, Fischertechnik
oder auch ein Puzzlespiel.

Bücher, Puppen, Teddybären
lagen unterm Christbaum oft,
und es waren meistens Dinge,
die wir hatten uns erhofft.

Mittlerweile sind es Handys,
Spielkonsolen, ein PC.
Seh' ich, wie heut Kinder spielen,
tun mir echt die Augen weh!

© Norbert van Tiggelen

Es gibt manches Drecksgesindel,
welches kennt nur Spott und Schwindel;
machen gute Menschen schlecht -
sagt mir: Ist das denn gerecht?

Lehrgeld

Erst wenn Kinder sich ergötzen
ungeniert an Zorn und Blut
und man Menschen nur bewertet
nach dem lieben Hab und Gut.

Erst wenn Bäume nicht mehr blühen,
weil die Sonne sie verbrennt,
und das Tier, was uns einst treu war,
man nur noch aus Büchern kennt -

Erst wenn kaum noch Fische schwimmen
in den Meeren dieser Welt,
man die Sterne nicht mehr sichtet
am verrußten Himmelszelt -

Erst wenn selbst der Reiche hungert,
was passier'n wird irgendwann -
dann wird auch dem Letzten klar sein,
dass man Geld nicht essen kann!

Einigkeit und Recht und ... Armut.

Preise steigen, Löhne ärmlich -
Deutschland, was ist mit Dir los?
Deine Bürger sind verzweifelt,
klagen über wenig Moos.

Spendest Geld an ferne Länder
und vergisst Dein Fleisch und Blut.
Hier gibt's eine Menge Menschen,
denen geht es gar nicht gut.

Kraftstoff, Mieten, Lebensmittel,
Nikotin und Alkohol,
werden unerschwinglich teuer,
wer fühlt sich bei Dir noch wohl?

Zahnersatz wird unbezahlbar,
ebenso die Medizin.
Wer hier krank ist, muss oft leiden -
sag, wo führst Du uns bloß hin?

©Norbert van Tiggelen

Ungeniert

Stimmt, wir dürfen echt nicht klagen -
es geht uns doch gar nicht schlecht;
der Malocher schafft wie blöde,
ist im Grund' des Staates Knecht.

Reißt sich seinen süßen Hintern
jeden Tag aufs Neue auf;
nimmt nun schon seit vielen Jahren
Teuerungen brav in Kauf.

Funktioniert so wie ein Uhrwerk,
dass er sich was leisten kann;
seine brav gezahlten Steuern
nimmt manch Fauler gerne an.

Was mich darum immer wieder
aufs Gemeinste deprimiert,
ist, dass unser Staat geprellt wird -
und das oftmals ungeniert.

©Norbert van Tiggelen

Ungesehen

Der Herrgott schenkt uns viele Dinge,
die wir Menschen überseh'n,
weil wir oft des Geldes wegen
ganz skurrile Wege geh'n.

Ohne Alk

Ohne Alk geht vieles leichter,
Du hast stets 'nen klaren Kopf.
Man begegnet Dir mit Achtung,
sieht Dich nicht als armen Tropf.

Du erleidest keinen Filmriss,
sparst zudem 'ne Menge Geld;
siehst mit ungetrübten Augen,
was geschieht auf dieser Welt.

Du verschüttest keinen Kaffee,
weil die Hände zittrig sind;
nutzt die Zeit zum Vorwärtskommen -
bei den Trinkern sie verrinnt.

Nutztier der Gesellschaft

Als Nutztier der Gesellschaft,
da mag Dich jeder gern,
bist da, wenn's andren mies geht,
denn zuseh'n liegt Dir fern.

Malochst für fremde Nöte,
hörst andren Leiden zu,
Dein eignes Kreuz sieht niemand,
selbst Hinken ist tabu.

Musst ständig funktionieren,
im Strom der andren schwimmen,
man will Dir oft mit falschen Tipps
den Lebensweg bestimmen.

Irgendwann drehst Du Dich um,
willst nicht mehr Sklave sein,
dann tritt man Dir mit Lügen
Dein Image kurz und klein.

© Norbert van Tiggelen

41

Ein Hoch auf Paderborn

Was so auf der Welt passiert,
das ist ihm ziemlich schnuppe.
Feste Nahrung kennt er kaum,
höchstens mal 'ne Suppe.

Meistens schellt sein Wecker mittags,
doch das ist ihm viel zu früh,
darum hat er mit dem Aufsteh'n
jeden Tag so seine Müh.

Ihm ist es auch nebensächlich,
dass ein Faulpelz in ihm steckt.
Wichtig ist ihm nur das Eine:
Dass die Paderborner schmeckt.

© Norbert v an Tiggelen

Wenn ich manche Menschen sehe –
ihr Verhalten nervt mich sehr:
Sind gehässig zueinander -
sie zu lieben, fällt mir schwer.

©Norbert v an Tiggelen

Wenn Du den Alk nicht kannst vertragen;
man muss sich ständig mit Dir plagen;
wirst Du mit ihm zum Menschenhasser -
dann trink in Zukunft Sprudelwasser!

©Norbert van Tiggelen

Gemeinschaftssinn

Wo sind Trost und offne Ohren?
Wer nicht hilft, wird auserkoren.
Menschen, die um Hilfe bitten,
überfährt der noble Schlitten.

Warnsignale hört man nicht,
der, der klagt, der ist ein Wicht.
Sturheit heißt das Gleis zum Ziel,
Ehrlichkeit, sie nützt nicht viel.

Einzelkämpferei ist Fakt,
Rücksicht ihre Koffer packt.
Toleranz Ist fort und hin -
es fehlt der Gemeinschaftssinn

©Norbert van Tiggelen

Stille Post

Stille Post, so heißt das Spiel,
wo Verspotten wird zum Ziel.
Jeder tut sein'n Senf dabei,
dass manch Seele bricht entzwei.

Man muss nur Gerüchte dichten
mit ein paar verlog'nen Wichten.
Und nach kurzer Zeit - schau an! -
splittert mancher harte Mann.

Hat man dann mit Schwätzereien,
Klatsch, Gerede, Gaukeleien
seine Psyche wüst zerschossen,
feiern laut die Hetz-Genossen.

Übrig bleibt ein Lebewesen,
in den Augen kann man lesen,
dass er üble Feinde hatte,
doch das steht nicht zur Debatte.

©Norbert van Tiggelen

Es war einmal...

Früher kosteten zwei Brötchen
zwanzig Pfennig – wunderbar;
eine Bildzeitung 'nen Groschen -
machte dreißig, ist doch klar.

Fünfzehn Cent sind's umgerechnet,
was man ganz schwer glauben kann.
Was ist hier im Land geschehen -
wann fing dieses Chaos an?

Heute kosten diese Dinge
etwa hundertzwanzig Cent.
Das sind schlappe Zweimarkvierzig,
wie das Rad der Zeit doch rennt!

Kriegt der heutige Malocher
auch das Achtfache an Lohn?
Seid mal ehrlich, liebe Leute,
das ist doch wohl echt der Hohn!

© Norbert van Tiggelen

Kleine Malocherhymne

Kleiner Malocher,
du Rindvieh des Staates,
wirst arg gemolken
und das schon seit Jahren.
Du fragst dich berechtigt:
"Warum soll ich Ochse
trotzdem, dass ich schaffe,
mich bremsen und sparen?"

Kleiner Malocher,
ich möcht' was bemerken:
Ich ziehe mein' Hut
vor deiner Geduld.
Man saugt wie ein Egel
an deinem Vermögen,
du lässt es dir nehmen,
ganz ohne Tumult.

Kleiner Malocher,
du Stütze des Landes,
dir schmerzen die Knochen,
das Herz und der Kopf.
Wärst du nicht so strebsam,
geduldig und leise -
wäre manch Mensch hier
ein ganz armer Tropf.

© Norbert van Tiggelen

Gewalt

Oftmals heißt es, dass das Mannsbild
nur Gewalt im Kopfe hat.
Damit setzt er schnell und gerne
seine Konkurrenten matt.

Doch wenn man mit etwas Weisheit
sich die Menschen mal anschaut;
ist's nicht nur der Kerl, der böse,
der auf Schmerz und Schläge baut.

Sie herrscht schon in Kindergärten
und in Schulen ganz gewiss;
jahrelang gequälten Seelen
man die Lebensfreud' entriss.

Ehefrau vertrimmt den Gatten
oder schändet seinen Geist.
Sie will einen Prellbock richten,
der sie nach der Qual noch preist.

Greise werden oft gezüchtigt,
in den Heimen – selbst zuhaus'.
Ist der Pfleger überfordert,
sieht's für sie oft düster aus.

Kinder schlagen ihre Eltern,
das hat Gott uns nicht gelehrt.
Mensch! Verdammt - auf dieser Erde
läuft so einiges verkehrt!

© Norbert van Tiggelen
Inspiriert von Gabriele Remscheid

Du Idiot !!!

Kümmre Dich um Deine Gattin,
zeig ihr oft, dass Du sie schätzt.
Mime nicht den coolen Macho,
der nur dumme Sprüche schwätzt.

Schenk ihr öfter mal ein Lächeln,
sag ihr: „Du, ich hab Dich gern!"
Kleine, liebe Schmeicheleien
sind sehr oft des Glückes Kern.

Lass sie nicht so oft alleine,
weil die Glut dann schnell erlischt.
Einsamkeit ist so der Anlass,
dass sie Dir wohl bald entwischt.

Zwing sie nicht, Dich zu verlassen,
zeig jetzt Einsicht und kapier':
Flüchtet sie vor Deiner Stumpfheit,
lag die Schuld ganz klar bei Dir.

©Norbert v a n Tiggelen

Sodom und Gomorrha?

Sturheit, Macht und Ellenbogen,
für das Recht wird oft gelogen.
Einsamkeit durch Ignoranz,
Zuversicht geht auf Distanz.

Über Leichen wird gesprungen,
Hetzgesänge laut gesungen.
Schrill verflucht man liebe Seelen,
Lügen ihre Psychen quälen.

Geldgier ist der Menschen Laster,
denn es zählt nur noch der Zaster.
Einigkeit bleibt auf der Strecke,
Freundschaft dient nur noch zum Zwecke.

Klatsch, Skandale und Intrigen
Kinder oftmals Kinder kriegen.
In den Sinnen Neid und Gier -
Mann, verdammt - wo leben wir?

©Norbert van Tiggelen

"DICKE"

"Mit Dicken macht man gerne Späße",
klang es mal voll Euphorie.
Sind wir ehrlich, war'n die Worte
schon gefüllt mit Ironie.

Heute, viele Jahre später,
hat sich dran geändert nichts.
Manch ein Dicker wird behandelt
wie ein dummer Taugenichts.

"Dick zu sein, das liegt am Fressen",
"Hau bloß ab, du fette Sau" -
diese Sprüche quäl'n sie täglich,
färben ihren Alltag grau.

Vorurteile, dumme Blicke
nerven sie tagein, tagaus.
Diese sollen ihnen sagen:
Ihr seid echt kein Augenschmaus.

Leiden tut der "Dicke" heimlich,
dort wo es kein andrer sieht.
Er will seinen Schmerz nicht zeigen -
jeden Tag dasselbe Lied.

© Norbert van Tiggelen

Verliehen, Verloren...

Wenn ich etwas richtig hasse,
ist es diese Menschenrasse,
die mich nicht mehr wollen dulden,
weil sie mir noch etwas schulden.

Jahrelang war ich so dumm,
machte mir den Buckel krumm
und verlieh so manchem Schwachen
Zaster und auch andre Sachen.

Ging es dann ums Wiedergeben,
musste ich sehr oft erleben,
dass man mich doch ignorierte
und in mir der Frust mutierte.

Gibt mir jemand das nicht wieder,
was ich ihm einst hab' geborgt,
wird er tief in meinem Herzen
als ein Gauner prompt entsorgt.

©Norbert van Tiggelen

51

Traurige Wahrheit

Kürzlich fragte mich 'ne Freundin,
die mich kennt seit langer Zeit,
ob mein Sohn, so wie ich damals,
unbeschwert sei, voller Schneid.

Diese Frage, zugegeben,
machte mich sehr nachdenklich,
denn es kam sodann zur Folge,
dass ich mich mit ihm verglich:

Konnte er auf Bäume klettern
oder eine Bude bau'n,
sich dort draußen frei bewegen
oder ältren Menschen trau'n?

Konnt' er sich die Zeit vertreiben
ohne 's „Net" und den PC?
Mann, verdammt, wenn ich das lese,
tun mir echt die Augen weh!

© Norbert v a n Tiggelen

Reiche
(Nicht alle, aber viele)

Reiche dürfen Dinge machen,
die der Arme niemals dürft'.
Wohl, weil man als gut Betuchter
öfters nach dem Golde schürft.

Reiche treten Dir mit Freuden
oft in Deinen Hintern rein,
kaufen sich von ihrer Kohle
einen Lebens-Freifahrtsschein.

Reiche nehmen Dir das Letzte,
machen davor keinen Halt.
Stehst Du ihnen gegenüber,
droh'n sie mit dem Rechtsanwalt.

Reiche haben Sonderrechte,
viel zu oft auf dieser Welt.
Denn was hier auf Gottes Erden
zählt, ist nur das liebe Geld.

©Norbert van Tiggelen

Neuzeit-Sklave

Vorgesetzte, die nur tadeln,
und der Chef nervt ebenfalls -
Mensch, da könnt ich explodieren,
da kriegt man 'nen dicken Hals!

Immer mehr und immer schneller
soll man schaffen, wie ein Tier.
Akkurat soll's auch noch werden,
muckst du auf, dann droht Hartz IV.

Kontrolliert wird man alltäglich,
keiner traut dem andren noch.
Fragt man dich nach Überstunden,
murrst du leis': "Klar, immer doch!"

Fehlt nur noch ein' Chip im Nacken,
und 'ne Kugel fest am Bein.
Dann gehörten wir Idioten
nur dem Staate ganz allein.

Mensch, ich will
die D-Mark wieder!

Mensch, ich will die D-Mark wieder,
und wenn's geht auch noch sofort!
Mancher andrer Landsgenosse
schon seit langem mit mir schmort.

Preise steigen unaufhörlich,
Löhne zieh'n nur schleppend nach.
Stellenabbau, Insolvenzen -
unser Land liegt lang schon brach.

Lebensmittel sind so teuer
wie noch niemals je zuvor.
Aufschwung sowie Besserungen
man uns schon sehr oft beschwor.

Andere Länder kriegen Gelder,
ohne dass man uns mal fragt.
Hier gibt es so manchen Armen,
der am Hungertuche nagt.

Damals, noch zu D-Mark-Zeiten,
war's hier wirklich lebenswert.
Heute geht's um's Überleben,
Staat, was hast Du uns beschert?

©Norbert van Tiggelen

Schämt euch!!!

Jahrelang der treuste Kumpel,
der nie von der Seite wich.
Nun kriegt er zum Dank der Treue
einen ganz brutalen Stich:

Jetzt zur Urlaubszeit, wie schade,
ist er nutzlos und im Weg.
Darum wird er ausgestoßen
ihm entzogen jede Pfleg'.

Hund sein ist nicht immer einfach,
ganz speziell in diesem Fall
Wie könnt ihr ein Tier aussetzen -
sagt mal, habt ihr einen Knall?

© Norbert van Tiggelen

Sklaventreiberei

Um in seinem Soll zu bleiben,
der Trucker hetzt von A nach B.
Der Bauarbeiter kriegt nur Druck,
ihm tun zumeist die Knochen weh.

Der Altenpfleger pflegt sehr gern,
sein Einsatz, der ist eine Wucht.
Doch mittlerweile kommt's ihm vor,
als sei er täglich auf der Flucht.

Die Putzfrau putzt wie eine Wilde,
weil's Revier stets größer wird.
Der Paketzusteller häufig
panisch durch die Gegend irrt

Liebe Freunde, seid mal ehrlich -
Ist das denn nicht nur der Hohn?
Man darf sich oft doppelt quälen,
und das für den gleichen Lohn.

Manchmal wird mir angst und bange -
wann ist sie denn bloß vorbei?
Diese pure Volksverarschung
und auch Sklaventreiberei!

©Norbert van Tiggelen

Über Leichen gehen

Um hier auf Gottes Erden
im Leben zu bestehen,
musst Du tricksen, täuschen
und über Leichen gehen.

Mit Ehrlichkeit und Liebe
kommst Du nicht wirklich weit.
Eiskalt wirst Du ausgenutzt,
ist keine Seltenheit.

Dann fängst Du an zu zweifeln
an Dir und Deinen Weg.
Warum bist Du so artig
und nicht wie andre schräg?

Doch glaube mir das Eine:
Bleib einfach, wie Du bist!
Denn Gott belohnt die Güte
und nicht die Hinterlist.

©Norbert van Tiggelen

Nachwort

Lieber Leser,

und - sind Sie bei manchen Gedichten ein klein wenig nachdenklich geworden, besonders, wenn sie sich vielleicht noch zwischenzeitlich an das Vorwort dieses Buches erinnert haben?
Ich hoffe, ja - denn unsere Gesellschaft, ganz besonders unseren Kindern und Kindeskindern, wäre es zu wünschen.
Vielen Dank fürs Lesen!

Der Autor Norbert van Tiggelen

Impressum

Titel-Idee:

R. Fitzke/N. van Tiggelen

Cover-Foto:
Rosemarie Fitzke, Friedrichhafen

Lektorat:
Heidi Friedrich, Lampertheim

Gedichte/Texte:
© Norbert van Tiggelen,
Wanne–Eickel (Herne 2)